श्री दुर्गा चालीसा

लेखन : संत देविदास
चित्रांकन : सुजाता साहा
प्रस्तुति : डिवाइनभारत

इस पुस्तक का सर्वस्व अधिकार सुरक्षित है। इस पुस्तक का कोई भी भाग, चाहे वह लेख, चित्र, डिज़ाइन या लेआउट हो, प्रकाशक की लिखित अनुमति के बिना किसी भी रूप में (जैसे छायाप्रति, रिकॉर्डिंग, स्कैनिंग, या किसी इलेक्ट्रॉनिक प्रणाली द्वारा) पुनः प्रस्तुत, संग्रहित या प्रसारित नहीं किया जा सकता।

लेखक: संत देविदास
प्रस्तुति: डिवाइनभारत
चित्रांकन: सुजाता साहा
ISBN: 978-93-343-2676-5
प्रकाशक से संपर्क हेतु:
info.divinebharat@gmail.com
www.divinebharat.co

प्रकाशित वर्ष: 2025

© 2025 डिवाइनभारत

परिचय

श्री दुर्गा चालीसा एक पवित्र स्तुति है, जिसमें माँ दुर्गा — शक्ति स्वरूपा, आदिशक्ति और जगत्जननी — की महिमा को चालीस चौपाइयों में गाया गया है। यह अत्यंत प्रभावशाली भक्ति रचना माँ के विविध रूपों, दिव्य गुणों और महालीलाओं का वर्णन करती है, तथा उनके अनुग्रह से सुरक्षा, समृद्धि, ज्ञान और आध्यात्मिक मुक्ति की कामना करती है।

परंपरागत रूप से संत देविदास द्वारा रचित मानी जाने वाली यह चालीसा गहन भक्ति, काव्य सौंदर्य और आध्यात्मिक अंतर्दृष्टि का अनुपम संगम है। इसमें देवी महात्म्य, पुराणों और लोक कथाओं से प्रेरित अनेक प्रसंगों का समावेश है, जहाँ माँ दुर्गा के महिषासुर, शुम्भ-निशुम्भ, रक्तबीज जैसे राक्षसों पर विजय का वर्णन किया गया है — जो अधर्म पर धर्म की, अंधकार पर प्रकाश की, और अराजकता पर दिव्य व्यवस्था की विजय का प्रतीक है।

श्री दुर्गा चालीसा का श्रद्धा एवं नियमितता से पाठ करने से माना जाता है कि:
- भय और बाधाएँ दूर होती हैं
- मन में शांति, साहस और स्पष्टता आती है

- भौतिक और आध्यात्मिक कल्याण प्राप्त होता है
  - संकटों में माँ की दिव्य रक्षा प्राप्त होती है

भक्तगण इस चालीसा का पाठ प्रायः नवरात्रि, मंगलवार और शुक्रवार को करते हैं, या फिर इसे अपने दैनिक भक्ति अभ्यास का भाग बनाते हैं। इसके प्रत्येक श्लोक में भक्ति (भक्ति भाव), शरणागति (समर्पण), और जगज्जननी माँ दुर्गा की महिमा का भावपूर्ण वर्णन है। जो अपने भक्तों की रक्षा, पालन और उद्धार करती हैं।

चाहे आप भजन-पूजन के नए साधक हों या आजीवन उपासक, यह चालीसा आपको माँ जगदम्बा की उस अनंत करुणामयी दिव्यता से जोड़ेगी, जो सदा-सर्वदा आपके साथ रहती है।

श्री दुर्गा चालीसा

नमो नमो दुर्गे सुख करनी।
नमो नमो दुर्गे दुःख हरनी॥
निरंकार है ज्योति तुम्हारी।
तिहू लोक फैली उजियारी॥

शशि ललाट मुख महाविशाला।
नेत्र लाल भृकुटि विकराला॥
रूप मातु को अधिक सुहावे।
दरश करत जन अति सुख पावे॥

तुम संसार शक्ति लै कीना।
पालन हेतु अन्न धन दीना॥
अन्नपूर्णा हुई जग पाला।
तुम ही आदि सुन्दरी बाला॥

प्रलयकाल सब नाशन हारी।
तुम गौरी शिवशंकर प्यारी॥
शिव योगी तुम्हरे गुण गावें।
ब्रह्मा विष्णु तुम्हें नित ध्यावें॥

रूप सरस्वती को तुम धारा।
दे सुबुद्धि ऋषि मुनिन उबारा॥
धरयो रूप नरसिंह को अम्बा।
परगट भई फाड़कर खम्बा॥

रक्षा करि प्रह्लाद बचायो।
हिरण्याक्ष को स्वर्ग पठायो॥
लक्ष्मी रूप धरो जग माहीं।
श्री नारायण अंग समाहीं॥

क्षीरसिन्धु में करत विलासा।
दयासिन्धु दीजै मन आसा॥
हिंगलाज में तुम्हीं भवानी।
महिमा अमित न जात बखानी॥

मातंगी अरु धूमावति माता।
भुवनेश्वरी बगला सुख दाता॥
श्री भैरव तारा जग तारिणी।
छिन्न भाल भव दुःख निवारिणी॥

केहरि वाहन सोह भवानी।
लांगुर वीर चलत अगवानी॥
कर में खप्पर खड्ग विराजै।
जाको देख काल डर भाजै॥

सोहै अस्त्र और त्रिशूला।
जाते उठत शत्रु हिय शूला॥
नगरकोट में तुम्हीं विराजत।
तिहूलोक में डंका बाजत।।।

शुम्भ निशुम्भ दानव तुम मारे।
रक्तबीज शंखन संहारे॥
महिषासुर नृप अति अभिमानी।
जेहि अघ भार मही अकुलानी॥

रूप कराल कालिका धारा।
सेन सहित तुम तिहि संहारा॥
परी गाढ़ सन्तन र जब जब।
भई सहाय मातु तुम तब तब॥

अमरपुरी अरु सब लोका।
तब महिमा सब रहें अशोका॥
ज्वाला में है ज्योति तुम्हारी।
तुम्हें सदा पूजे नर-नारी॥

प्रेम भक्ति से जो यश गावे।
दुःख दारिद्र निकट नहिं आवें॥
ध्यावे तुम्हें जो नर मन लाई।
जन्ममरण ताकौ छुटि जाई॥

जोगी सुर मुनि कहत पुकारी।
योग न हो बिन शक्ति तुम्हारी॥
शंकर आचारज तप कीनो।
काम अरु क्रोध जीति सब लीनो॥

निशिदिन ध्यान धरो शंकर को।
काहु काल नहिं सुमिरो तुमको॥
शक्ति रूप का मरम न पायो।
शक्ति गई तब मन पछितायो॥

शरणागत हुई कीर्ति बखानी।
जय जय जय जगदम्ब भवानी॥
भई प्रसन्न आदि जगदम्बा।
दई शक्ति नहिं कीन विलम्बा॥

मोको मातु कष्ट अति घेरो।
तुम बिन कौन हरै दुःख मेरो॥
आशा तृष्णा निपट सतावें।
मोह मदादिक सब बिनशावें॥

शत्रु नाश कीजै महारानी।
सुमिरौं इकचित तुम्हें भवानी॥
करो कृपा हे मातु दयाला।
ऋद्धि-सिद्धि दै करहु निहाला॥

जब लगि जिऊं दया फल पाऊं।
तुम्हरो यश मैं सदा सुनाऊं॥
श्री दुर्गा चालीसा जो कोई गावै।
सब सुख भोग परमपद पावै॥

देवीदास शरण निज जानी।
कहु कृपा जगदम्ब भवानी॥

दुर्गा जी की आरती

जय अम्बे गौरी, मैया जय श्यामा गौरी ।
तुमको निशदिन ध्यावत, हरि ब्रह्मा शिवरी ॥
ॐ जय अम्बे गौरी..॥

मांग सिंदूर विराजत, टीको मृगमद को ।
उज्ज्वल से दोउ नैना, चंद्रवदन नीको ॥
ॐ जय अम्बे गौरी..॥

कनक समान कलेवर, रक्ताम्बर राजै ।
रक्तपुष्प गल माला, कंठन पर साजै ॥
ॐ जय अम्बे गौरी..॥

केहरि वाहन राजत, खड्ग खप्पर धारी ।
सुर-नर-मुनिजन सेवत, तिनके दुखहारी ॥
ॐ जय अम्बे गौरी..॥

कानन कुण्डल शोभित, नासाग्रे मोती ।
कोटिक चंद्र दिवाकर, सम राजत ज्योती ॥
ॐ जय अम्बे गौरी..॥

शुंभ-निशुंभ बिदारे, महिषासुर घाती ।
धूम्र विलोचन नैना, निशदिन मदमाती ॥
ॐ जय अम्बे गौरी..॥

चण्ड-मुण्ड संहारे, शोणित बीज हरे ।
मधु-कैटभ दोउ मारे, सुर भयहीन करे ॥
ॐ जय अम्बे गौरी..॥

ब्रह्माणी, रूद्राणी, तुम कमला रानी ।
आगम निगम बखानी, तुम शिव पटरानी ॥
ॐ जय अम्बे गौरी..॥

चौंसठ योगिनी मंगल गावत, नृत्य करत भैरों ।
बाजत ताल मृदंगा,अरू बाजत डमरू ॥
ॐ जय अम्बे गौरी..॥

तुम ही जग की माता, तुम ही हो भरता,
भक्तन की दुख हरता ।सुख संपति करता ॥
ॐ जय अम्बे गौरी..॥

भुजा चार अति शोभित, वर मुद्रा धारी ।
[खड्ग खप्पर धारी]
मनवांछित फल पावत, सेवत नर नारी ॥
ॐ जय अम्बे गौरी..॥

कंचन थाल विराजत, अगर कपूर बाती ।
श्रीमालकेतु में राजत, कोटि रतन ज्योती ॥
ॐ जय अम्बे गौरी..॥

श्री अंबेजी की आरति, जो कोइ नर गावे ।
कहत शिवानंद स्वामी, सुख-संपति पावे ॥
ॐ जय अम्बे गौरी..॥

जय अम्बे गौरी,
मैया जय श्यामा गौरी ।

माँ दुर्गा मंत्र संग्रह

ॐ सर्वमङ्गलमाङ्गल्ये शिवे सर्वार्थसाधिके।
शरण्ये त्र्यंबके गौरी नारायणि नमोऽस्तुते॥

ॐ सर्वस्वरूपे सर्वेशे सर्वशक्ति समन्विते।
भयेभ्यस्त्राहि नो देवि दुर्गे देवि नमोऽस्तुते॥

ॐ जयन्ती मंगला काली भद्रकाली कपालिनी।
दुर्गा क्षमा शिवा धात्री स्वाहा स्वधा नमोऽस्तुते।।

देहि सौभाग्यमारोग्यं देहि मे परमं सुखम्।
रूपं देहि जयं देहि यशो देहि द्विषो जहि।।

सृष्टिस्थितिविनाशानां शक्तिभूते सनातनि।
गुणाश्रये गुणमये नारायणि नमोह्यस्तु ते।।

स्तोत्र

या देवी सर्वभूतेषु विष्णुमायेति शब्दिता।
नमस्तस्यै नमस्तस्यै नमस्तस्यै नमो नमः॥

या देवी सर्वभूतेषु चेतनेत्यभि धीयते।
नमस्तस्यै नमस्तस्यै नमस्तस्यै नमो नमः॥

या देवी सर्वभूतेषु बुद्धिरूपेण संस्थिता।
नमस्तस्यै नमस्तस्यै नमस्तस्यै नमो नमः॥

या देवी सर्वभूतेषु निद्रारूपेण संस्थिता।
नमस्तस्यै नमस्तस्यै नमस्तस्यै नमो नमः॥

या देवी सर्वभूतेषु क्षुधारूपेण संस्थिता।
नमस्तस्यै नमस्तस्यै नमस्तस्यै नमो नमः॥

या देवी सर्वभूतेषु छायारूपेण संस्थिता।
नमस्तस्यै नमस्तस्यै नमस्तस्यै नमो नमः॥

या देवी सर्वभूतेषु शक्तिरूपेण संस्थिता।
नमस्तस्यै नमस्तस्यै नमस्तस्यै नमो नमः॥

या देवी सर्वभूतेषु तृष्णारूपेण संस्थिता।
नमस्तस्यै नमस्तस्यै नमस्तस्यै नमो नमः॥

या देवी सर्वभूतेषू क्षान्तिरूपेण संस्थिता।
नमस्तस्यै नमस्तस्यै नमस्तस्यै नमो नमः॥

या देवी सर्वभूतेषू जातिरूपेण संस्थिता।
नमस्तस्यै नमस्तस्यै नमस्तस्यै नमो नमः॥

या देवी सर्वभूतेषू लज्जारूपेण संस्थिता।
नमस्तस्यै नमस्तस्यै नमस्तस्यै नमो नमः॥

या देवी सर्वभूतेषु शांतिरूपेण संस्थिता।
नमस्तस्यै नमस्तस्यै नमस्तस्यै नमो नमः॥

या देवी सर्वभूतेषु श्रद्धारूपेण संस्थिता।
नमस्तस्यै नमस्तस्यै नमस्तस्यै नमो नमः॥

या देवी सर्वभूतेषू कान्तिरूपेण संस्थिता।
नमस्तस्यै नमस्तस्यै नमस्तस्यै नमो नमः॥

या देवी सर्वभूतेषु लक्ष्मीरूपेण संस्थिता।
नमस्तस्यै नमस्तस्यै नमस्तस्यै नमो नमः॥

या देवी सर्वभूतेषु वृत्तिरुपेण संस्थिता।
नमस्तस्यै नमस्तस्यै नमस्तस्यै नमो नमः॥

या देवी सर्वभूतेषु स्मृतीरुपेण संस्थिता।
नमस्तस्यै नमस्तस्यै नमस्तस्यै नमो नमः॥

या देवी सर्वभूतेषु दयारूपेण संस्थिता।
नमस्तस्यै नमस्तस्यै नमस्तस्यै नमो नमः॥

या देवी सर्वभूतेषु तुष्टिरूपेण संस्थिता।
नमस्तस्यै नमस्तस्यै नमस्तस्यै नमो नमः॥

या देवी सर्वभूतेषु मातृरूपेण संस्थिता।
नमस्तस्यै नमस्तस्यै नमस्तस्यै नमो नमः॥

या देवी सर्वभूतेषु भ्राँतिरूपेण संस्थिता।
नमस्तस्यै नमस्तस्यै नमस्तस्यै नमो नमः॥

इन्द्रियाणामधिष्ठात्री भूतानां चाखिलेषु या।
भूतेषु सततं तस्यै व्याप्तिदेव्यै नमो नमः॥

चितिरुपेण या कृत्स्नम एतत व्याप्य स्थिता जगत्।
नमस्तस्यै नमस्तस्यै नमस्तस्यै नमो नमः॥

नवदुर्गा

1. शैलपुत्री — शक्ति, साहस और स्थिरता की प्रतीक।

2. ब्रह्मचारिणी — तप और संयम की देवी, आत्मज्ञान की ओर अग्रसर करती हैं।

3. चंद्रघंटा — सतर्कता और रक्षा की मूर्ति, आध्यात्मिक ऊर्जा का जागरण।

4. कूष्मांडा — ब्रह्मांड की रचनाकार, सृजन की मूल शक्ति।

5. स्कंदमाता — मातृत्व, करुणा और सौम्यता की देवी।

6. कात्यायनी — अधर्म का नाश करने वाली, प्रेम और संतुलित और स्वस्थ संबंध की रक्षक।

7. कालरात्रि — भय और अज्ञान का नाश, आंतरिक शांति की दात्री।

8. महागौरी — पवित्रता, शांति और ज्ञान का प्रतीक।

9. सिद्धिदात्री — पूर्णता, सिद्धियों और आत्मज्ञान की देवी।

1. शैलपुत्री

2. ब्रह्मचारिणी

3.चंद्रघंटा

4. कूष्मांडा

5.स्कंदमाता

6.कात्यायनी

7. कालरात्रि

8. महागौरी

9.सिद्धिदात्री

नवदुर्गा मंत्र

प्रथमं शैलपुत्री च द्वितीयं ब्रह्मचारिणी।
तृतीयं चन्द्रघण्टेति कूष्माण्डेति चतुर्थकम् ।।
पंचमं स्कन्दमातेति षष्ठं कात्यायनीति च।
सप्तमं कालरात्रीति महागौरीति चाष्टमम् ।।
नवमं सिद्धिदात्री च नवदुर्गाः प्रकीर्तिताः।
उक्तान्येतानि नामानि ब्रह्मणैव महात्मना

शैलपुत्री

वन्दे वाञ्छितलाभाय चन्द्रार्धकृतशेखराम्।
वृषारूढां शूलधरां शैलपुत्रीं यशस्विनीम् ॥

ब्रह्मचारिणी

दधाना करपद्माभ्यामक्षमाला-कमण्डलू ।
देवी प्रसीदतु मयि ब्रह्मचारिण्यनुत्तमा॥

चन्द्रघण्टा

पिण्डजप्रवरारूढा चण्डकोपास्त्रकेर्युता।
प्रसादं तनुते मह्यं चन्द्रघण्टेति विश्रुता॥

कूष्माण्डा

सुरासम्पूर्णकलशं रुधिराप्लुतमेव च।
दधाना हस्तपद्माभ्यां कूष्माण्डा शुभदाऽस्तु मे॥

स्कंदमाता
सिंहासनगता नित्यं पद्माश्रितकरद्वया।
शुभदाऽस्तु सदा देवी स्कन्दमाता यशस्विनी॥

कात्यायनी
चन्द्रहासोज्ज्वलकरा शार्दूलवरवाहना।
कात्यायनी शुभं दद्याद्देवी दानव-घातिनी॥

कालरात्रि
एकवेणी जपाकर्णपूरा नग्ना खरास्थिता।
लम्बोष्ठी कर्णिकाकर्णी तैलाभ्यक्तशरीरिणी॥
वामपादोल्लसल्लोहलताकण्टकभूषणा।
वर्धन्मूर्धध्वजा कृष्णा कालरात्रिर्भयङ्करी॥

महागौरी
श्वेते वृषे समारूढा श्वेताम्बरधरा शुचिः।
महागौरी शुभं दद्यान्महादेव-प्रमोद-दा॥

सिद्धिदात्री
सिद्धगन्धर्व-यक्षाद्यैरसुरैरमरैरपि।
सेव्यमाना सदा भूयात् सिद्धिदा सिद्धिदायिनी॥

www.ingramcontent.com/pod-product-compliance
Lightning Source LLC
LaVergne TN
LVHW031808080526
838199LV00100B/6450
* 9 7 8 9 3 3 4 3 2 6 7 6 5 *